Das kleine Bruschetta-Buch

Die 40 besten Rezepte

AF176158

Das kleine Bruschetta-Buch

Die 40 besten Rezepte

gesammelt und herausgegeben von
Melanie Koßmann

Capt. Swings
geheime Bibliothek

Bibliografische Information der Deutschen
Nationalbibliothek
Die Deutsche Nationalbibliothek verzeichnet diese Publi-
kation in der Deutschen Nationalbibliografie; detaillierte
bibliografische Daten sind im Internet über www.dnb.de
abrufbar.

© 2021 by Melanie Koßmann
Herstellung und Verlag:
BoD – Books on Demand, Norderstedt
ISBN 9 783755 701279

Inhalt

Bruschetta

Bruschetta war in früheren Zeiten ein „Arme-Leute-Essen" und ist ein italienisches Antipasti, also als einfache Vorspeise oder Zwischenmahlzeit aus Mittel-und Süditalien. Wenn die Bauern morgens auf das Feld gingen, hatten sie stets dieses leckere sowie günstige Frühstück zur Hand. Die Zutaten waren selbst für die Ärmsten erschwinglich.

Zur Resteverwertung nutze ich gerne altes Brot zur Herstellung von Bruschetta. Vielleicht ist noch gegrilltes Gemüse vom Vortag übrig oder das ein oder andere im Kühlschrank muss weg? Im Handumdrehen lassen sich kleine köstliche Brothappen zaubern.

Mittlerweile findet man Bruschetta nicht nur in italienischen Restaurants auf der Vorspeisenkarte, sondern auch in der deutschen und anderen europäischen Küchen wieder.

Es gibt unzählige Variationsmöglichkeiten von einfach bis extravagant, von traditionellen bis hin zu Gourmet-Crostinis.

Bruschetta eignen sich hervorragend als kleine Zwischenmahlzeit, als amuse gueule oder Vorspeise, aber auch als ein raffiniertes Hauptgericht können sich die krossen Brotscheiben sehen lassen.

Erwartet man am Abend eine Vielzahl von Gästen, kann bereits am Morgen der Belag hergestellt werden. Später wird kurz vor dem Verzehr nur noch das Brot frisch geröstet und mit der vorbereiteten Creme oder Mischung belegt.

Am besten schmecken die gerösteten Brot-Scheiben übrigens warm, direkt aus dem Ofen. Sie können aber auch kalt verzehrt werden.

Bruschetta sind ein willkommener Party-Snack, mit etwas Raffinesse aber auch eine köstliche Vorspeise oder Zwischenmahlzeit bei feierlichen Anlässen.

Ausgesprochen wird die knusprige Leckerei übrigens „Brusketta".

Nun wünsche ich guten Appetit und viel Freude bei der Zubereitung der krossen Köstlichkeiten!

Basis

Die Basis von Bruschetta bilden geröstete Brotscheiben, welche mit einer halbierten Knoblauchzehe eingerieben, mit Olivenöl beträufelt und mit Meersalz und Pfeffer gewürzt werden.

Der Belag ist variabel, meist gehören jedoch auch Tomaten dazu. Diese werden vom Stielansatz befreit und die Kerne werden entnommen, damit das Ganze nicht zu flüssig wird. Dann kann man die Tomaten in kleine Würfel schneiden.

In meinen Rezepten verwende ich traditionell Ciabatta -Brot.

Dieses kann alternativ auch durch Baguette, Parisienne, sogar durch Toastbrot, in Scheiben geschnittene Brötchen. Laugenstangen oder kräftiges Bauernbrot ersetzt werden.

Man kann frisches sowie altes Brot zur Restverwertung nutzen. Hast du gerade kein altes Brot zur Hand und kein Bäcker ist in der Nähe?

Back dir dein Ciabatta einfach selbst!

Ciabatta selbst gemacht:

Zutaten:

500g Weizenmehl
2 Pckg. Trockenhefe
2 TL Salz
1 Prise Zucker
3 EL Olivenöl
350ml Wasser

Zubereitung:

Das Mehl mit Trockenhefe, Salz, Zucker und Öl mit dem lauwarmem Wasser vermischen und einige Minuten zu einem festen Teig kneten. Diesen zugedeckt für eine Stunde an einen warmen Ort stellen.

Anschließend den Teig auf einer bemehlten Arbeitsfläche nochmals gründlich durchkneten, danach teilen und zwei Ciabatta Laibe daraus formen.

Dann nochmals 30 min auf einem mit Backpapier ausgelegten Blech im Back- ofen ruhen lassen. Mit einem Tuch abde- cken.

Nun den Ofen auf 220Grad Ober/Un- terhitze vorheizen und die Ciabattas 20- 30 Minuten backen.

Vorbereitung

Das Brot wird für die Bruschetta immer in ca. 2cm dicke Scheiben geschnitten und auf einem mit Backpapier belegten Backblech platziert. Der Backofen sollte auf 200 Grad vorgeheizt werden, um die Brotscheiben auf mittlerer Schiene ca. 10 Minuten goldbraun zu rösten. Nach der Hälfte der Backzeit die Brotscheiben wenden.

Es ist auch möglich die Brotscheiben in einer Pfanne mit Olivenöl anzubräunen oder alternativ im Toaster zu rösten.

Vegetarische Bruschetta

Klassisch mit Tomaten und Basilikum

Zutaten:

1 Ciabatta

500g reife Tomaten

20 Basilikumblätter

1 Zehe Knoblauch

1 Zwiebel

Olivenöl

Balsamico Crema

Pfeffer

Salz

Zubereitung:

Während der Röstzeit der Brotscheiben, wird die Zwiebel klein gewürfelt, die Tomaten geschnitten, sowie das frische Basilikum vom Strauch pflücken und etwas zerrupfen.

Eine Knoblauchzehe zerkleinern und alles in einer Schüssel mit etwas Olivenöl mischen. Mit Pfeffer und Salz abschmecken.Die gebräunten Brotscheiben mit einer Knoblauchzehe abreiben und auf Tellern anrichten und mit der Tomatenmischung belegen. Mit etwas Balsamico Crema und einem Basilikumblatt garnieren.

Tomaten-Mozarella-Bruschetta

Zutaten:

1 Ciabatta (oder Bauernbrot)

500 g reife Tomaten

200 Mozarella

20 Basilikumblätter

1 Knoblauchzehe

Olivenöl

Balsamico Crema

Pfeffer

Salz

Zubereitung:

Das in Scheiben geschnittene Brot in Olivenöl von beiden Seiten in einer Pfanne anrösten. In dieser Zeit die Tomaten zerkleinern, den Mozarella trocken tupfen und ebenfalls in kleine Stücke würfeln. Den Basilikum abzupfen.

Die gerösteten Brotscheiben mit dem in Scheiben geschnittenen Knoblauch einreiben. Danach mit der Tomanten-Basilikum-Mozarella-Mischung belegen. Mit einem Basilikumblatt und etwas Balsamico Crema garnieren.

Zucchini-Ricotta-Bruschetta

Zutaten:

1 Ciabatta (oder Bauernbrot)
2 kleine Zucchini
1 Knoblauchzehe
150 g Ricotta
1 Zweig Minze
Abrieb einer 1/2 Bio-Zitrone
Olivenöl

Zubereitung:

Eine Knoblauchzehe pressen und mit 2 EL Olivenöl mischen. Die Brotscheiben auf das mit Backpapier belegte Backblech legen und mit der Ölmischung bestreichen. Das Brot für ein paar Minuten im Ofen rösten, bis es goldbraun ist. In der Zwischenzeit den Ricotta mit dem Zitronenabrieb und der klein geschnittenen Minze mischen. Die in Scheiben

geschnittenen Zucchini in 2 EL Olivenöl beidseitig anbraten. Die gerösteten
Brotscheiben mit der Ricottamasse bestreichen und mit den Zucchinischei-
ben belegen. Mit etwas Minze und Zitrone garnieren.

Schnelle Bruschetta mit grünem Pesto und getrockneten Tomaten

Zutaten:

1 altes Ciabatta (oder Bauernbrot)
Olivenöl
1 Knoblauchzehe
1 Glas grünes Pesto
1 kleines Glas getrocknete Tomaten
Pfeffer
Salz

Zubereitung:

Röste das Brot beidseitig in Olivenöl in einer Pfanne an und reibe es danach mit der Knoblauchzehe ein. Bestreiche die Scheibe danach mit dem grünen Pesto und lege die getrockneten Tomaten darauf. Alles mit Pfeffer und Salz würzen.

Mit Brie und Apfel

Zutaten:

1 Ciabatta (oder Bauernbrot)
1 Pckg. Brie
1 Knoblauchzehe
2 Äpfel
Honig
Olivenöl

Zubereitung

2 EL Olivenöl mit einer gepressten Knoblauchzehe mischen und die Brotscheiben damit bestreichen. Diese auf einem mit Backpapier belegten Backblech im Ofen garen.

Währenddessen den Briekäse und die Äpfel in dünne Scheiben schneiden.

Wenn das Brot leicht geröstet ist, aus dem Ofen nehmen und mit dem Brie und den Apfelscheiben belegen. Dann nochmals das belegte Brot kurz in den Ofen geben bis es goldbraun ist und der Käse etwas geschmolzen.

Zum Schluss etwas Honig darauf träufeln.

Ziegenkäse und Feigen

Zutaten:

1 Ciabatta
2 Feigen
125 g Ziegenfrischkäse
Olivenöl
Honig
Salz

Zubereitung:

2 EL Olivenöl in einer Pfanne geben und die geviertelten Feigen bei mittlerer Hitze darin kurz erwärmen. Etwas Meersalz und Honig hinzufügen. Das goldbraun geröstete Brot aus dem Ofen nehmen und erst mit ein wenig Olivenöl, dann großzügig mit Ziegenfrischkäse bestreichen. Danach mit den Feigen belegen und ein paar Tropfen vom Honig-Öl aus der Pfanne darüber träufeln.

Gurke und Avocado

Zutaten:

1 Ciabatta
1 Knoblauchzehe
1 Avocado
$\frac{1}{2}$ Salatgurke
$\frac{1}{2}$ Zitrone
1 Schalotte
Chiliflocken
Salz

Zubereitung:

Die Schalotte abziehen und fein würfeln. Die Avocado öffnen und vom Kern befreien. Das Fruchtfleisch aus der Schale lösen und mit einer Gabel zerdrücken. Sofort mit etwas Zitronensaft beträufeln und den Schalottenwürfeln vermischen.

Jetzt mit Salz, Zitronensaft und den Chiliflocken abschmecken. Danach von der Gurke lange Scheiben mit einem Sparschäler abziehen.

Nun die frisch gerösteten Ciabatta-Brotscheiben mit einer halben Knoblauchzehe abreiben und mit der Avocadomasse bestreichen. Als Topping die fein geschnittene Gurkenscheibe oben auf die Creme drapieren und mit ein paar aufgestreuten Chiliflocken garnieren.

Camembert und Portwein-zwiebeln

Zutaten

1 Ciabatta

1 Camembert

3 Zwiebeln

30g braunen Zucker

60g Butter

1/2 EL Majoran

3/4 EL Thymian

120ml Portwein

1 Schuss Rotweinessig

Pfeffer

Salz

Olivenöl

Wasser

Zubereitung

Diese Bruschetta-Variation bedarf etwas Vorbereitung. Am besten bereits am Tag zuvor die Zwiebeln in Portwein einlegen! Dazu werden die Zwiebeln in Ringe schnitten und in Butter in der Pfanne glasig gedünstet. Zwischenzeitlich den braunen Zucker in einem Topf mit 2 EL heißem Wasser karamellisieren. Dann mit dem Portwein ablöschen und auf die Hälfte reduzieren. Nun die Zwiebeln und die Kräuter hinzugeben und weiter köcheln lassen bis die Flüssigkeit verkocht ist. Abschießend in ein Gefäß umfüllen bzw. einwecken für den weiteren Gebrauch.

Am Tag des Verzehrs das Bruschetta mit Olivenöl einpinseln und im vorgeheizten Backofen anrösten, bis es leicht gebräunt ist. Herausnehmen und mit einer Scheibe Camembert belegen und nochmal zurück in den Ofen schieben, um den Käse anzuschmelzen. Dann mit etwas Pfeffer würzen und einem EL Portweinzwiebeln toppen. Nochmals für kurze Zeit in den Backofen geben damit sich die Zwiebeln ebenfalls erwärmen. Sofort servieren!

Büffelmozarella und Pfirsich

Zutaten

1 Ciabatta
2-3 Pfirsiche
500g Büffelmozzarella
2 Handvoll Basilikum
Olivenöl

Zubereitung

Während der Röstzeit des Ciabatta-Brotes die Pfirsiche entkernen und in Spalten schneiden. Diese in Olivenöl beidseitig scharf anbraten. Nun den Mozzarella klein zupfen und auf den gebräunten Brotscheiben verteilen, darauf die Pfirsichscheiben legen. Mit Basilikumblättchen garnieren.

Mit Paprika-Chili und Ziegenfrischkäse

Zutaten

1 Ciabatta

3 Spitzpaprika

1 Zitronen

1 Chilli

120g Ziegenfrischkäse

3 Zweige Thymian

Olivenöl

Zubereitung

Die Paprika säubern und halbieren. In der Zwischenzeit den Ofen auf 250 Grad vorheizen. Dann die Paprikahälften und die Chilli mit der Hautseite nach oben auf das Backblech legen und auf der obersten Schiene grillen bis die Haut schwarz ist. Dann aus dem Ofen nehmen und abkühlen lassen. Nun die

Brotscheiben in den Ofen schieben und rösten bis sie goldbraun sind. Derzeit das Gemüse enthäuten und in Streifen schneiden. Etwas Zitronensaft, Thymian und Olivenöl mit den Gemüsestreifen vermischen. Nun die Ziegenfrischkäserolle in Streifen schneiden und die gerösteten Brotscheiben damit belegen. Dann das Gemüse darauf verteilen und mit Thymianblättchen garnieren.

Tipp: Wer keinen Ziegenfrischkäse mag, kann diesen auch durch normalen Frischkäse ersetzen und mit etwas Pfeffer und Salz würzen.

Paprika-Hummus und eingelegte Champignons

Zutaten

1 Ciabatta

200g Paprika-Hummus

1 Glas eingelegte Champignons

Zubereitung

Die eingelegten Champignons in Scheiben schneiden. Wenn das Ciabatta-Brot im Ofen goldbraun ist, herausnehmen, mit dem Paprika-Hummus bestreichen und den Champignonscheiben belegen.

Selbstgemachter Hummus:

Zutaten

1 Dose Kichererbsen (265g Abtropfgewicht)
1-2 Knoblauchzehen
100ml kaltes Wasser
1 Zitrone
$1/2$ TL Salz
$1/2$ TL Kreuzkümmel, gemahlen
120g Tahini (Sesampaste, ungesalzen)

Zubereitung

Die Kichererbsen aus der Dose absieben und 50ml Flüssigkeit davon auffangen. Die Zitrone auspressen und deren Saft mit der Knoblauchzehe und dem Salz in einen Mixer geben. Nun die Tahini Paste hinzufügen und mixen. Dann das kalte Wasser sowie das Kichererbsenwasser langsam während des Rührvorgangs nach und nach dazugeben. Mischen bis die Masse leicht schaumig ist. Nun die Kichererbsen, das Öl und den Kreuzkümmel unterrühren. So lange mixen, bis eine sämige Creme entstanden ist. Sollte die Mischung zu fest sein, mit etwas Wasser verdünnen. Mit Salz und Zitrone abschmecken.

Bei der Geschmacksnote darf man kreativ sein. Anstelle dem oben genannten klassischen Hummus, kann man diesen zum Beispiel auch mit Paprika, Tomate, Chili, Avocado, Bärlauch oder Koriander verfeinern. Der Phantasie sind da fast keine Grenzen gesetzt. Mit Mandeln, Aprikosen, Zimt und Rosinen schmeckt Hummus noch orientalischer und leicht süßlich. Auch lässt sich Hummus aus anderen Hülsenfrüchten wie Linsen, Bohnen oder Erbsen erzeugen. Sogar Süßkartoffeln, Rote Beete, Kürbis, Pastinaken oder Avocado eigenen sich zur Herstellung von Hummus.

Herstellung von selbst eingelegten Champignons:

Zutaten

500 Champignons
4 Knoblauchzehen
1 ½ TL Salz
90ml Balsamicoessig
1 EL Kräuter (Thymian, Majoran, Rosmarin)
80 ml Olivenöl

Zubereitung

Dazu am Vortag die Pilze mit etwas Olivenöl, den Knoblauchzehen und dem Salz in einer Pfanne anbraten, dann mit dem Balsamicoessig ablöschen und die Kräuter und das Olivenöl hinzufügen. Über Nacht in einer Schüssel ziehen lassen.

Ziegenkäse und Spinat

Zutaten

1 Ciabatta

250g Tiefkühlspinat

200g Ziegenkäse

2 kleine rote Zwiebeln

1 Knoblauchzehe

Muskat

Chiliflocken

Salz

Pfeffer

Olivenöl

Butter

Zubereitung:

Die Brotscheiben mit Olivenöl bepinseln und im vorgeheizten Backofen anrösten.

Währenddessen Butter in einer Pfanne schmelzen und die gehackten Zwiebeln und den Knoblauch glasig anschwitzen. Den aufgetauten Spinat mit den Zwiebel-Knoblauch-Würfeln in der Pfanne vermischen und erwärmen. Mit Muskatnuss, Salz und Pfeffer kräftig würzen. Dann den Ziegenkäse fein würfeln und unterheben. Wer es schärfer mag, rührt noch Chiliflocken ein.

Nun das Brot aus dem Ofen holen und mit den halbierten Knoblauchzehen abreiben.

Dann die knusprigen Scheiben mit der Spinatmischung belegen. Sofort verzehren!

Tip: Falls du keinen Ziegenkäse magst, kannst du ihn durch einfachen gewürzten Frischkäse ersetzen.

Bruschetta mit Fetacreme

Zutaten

1 Ciabatta

200g Feta

100ml saure Sahne

1 Knoblauchzehe

10 schwarze Oliven

2EL Olivenöl

Pfeffer

Salz

Zubereitung

Während die Brotscheiben rösten, den Feta klein würfeln, mit dem fein gehacktem Knoblauch mischen und pürieren. Um eine gewisse Streichfähigkeit zu erreichen, saure Sahne und Olivenöl unterrühren, bis ein cremiger Brotaufstrich entstanden ist. Mit Pfeffer und Salz abschmecken. Die Masse auf die fertigen Brotscheiben auftragen. Schwarze Oliven in Ringe schneiden und als Garnitur verwenden.

Mit selbstgemachtem Basilikumpesto

Zutaten

1 Ciabatta

100 g Basilikum

3EL Pinienkerne

200ml Olivenöl

1 Knoblauchzehe

2EL Parmesan

½ TL Salz

Zubereitung

Die Brotscheiben zum Rösten in den vorgeheizten Ofen schieben. Alle Zutaten in eine Schüssel geben und mit einem Pürierstab zerkleinern, bis eine cremige Masse entstanden ist. In ein Glas abfüllen und evtl. noch mit etwas Olivenöl abdecken. So ist das selbst hergestellte Basilikumpesto noch weitere 2 Wochen im Kühlschrank haltbar.

Das kross gebackene Brot aus dem Ofen nehmen und mit dem Pesto bestreichen. Mit einem Basilikumblatt garnieren.

Bruschetta mit Zitronen-aufstrich

Zutaten

1 Ciabatta
1 Bio-Zitrone
1 Knoblauchzehe
250g Frischkäse
200g Schmand
3 EL Schlagsahne
Olivenöl

Zubereitung

Feine Zisten von der Bio-Zitrone abziehen und den Saft auspressen. Den Schmand und den Frischkäse mit dem Zitronensaft sowie der Sahne verrühren. Mit Pfeffer und Salz abschmecken. Wenn das Ciabatta knusprig geröstet aus dem Ofen kommt, mit Knoblauch abreiben und ein paar Tropfen Olivenöl auftragen. Mit der Zitronencreme bestreichen und dekorativ Zitronenzisten aufstreuen.

Bruschetta Mexicana

Zutaten

1 Ciabatta

2 vorgegarte Maiskolben

1 Avocado

1 Limette

150g griechischer Joghurt

1 Knoblauchzehe

Olivenöl

½ Bund Korinader

Salz

Pfeffer

Cayennepfeffer

Zubereitung

Die Maiskolben in heißem Öl 10-15min in der Pfanne braten. Dann die Maiskörner vom Kolben in Streifen abschneiden. Während die Brotscheiben im Ofen rösten, den Joghurt mit 1 EL Saft von der Limette, sowie etwas Limettenabrieb vermischen. Mit Pfeffer, Cayennepfeffer und Salz würzen. Danach die Avocado aufschneiden, den Kern entnehmen und das Fruchtfleisch klein zerdrücken und mit einer ausgepressten Knoblauchzehe und dem restlichen Limettensaft vermischen. Ebenfalls pfeffern und salzen. Nun das gebräunte Ciabatta mit Guacamole bestreichen, die Maiskörner und den klein gerupften Koriander darauf verteilen und jeweils einen Klecks Joghurt obendrauf.

Bruschetta mit Aubergine

Zutaten

1 Ciabatta

1 Aubergine

1 handvoll Basilikum

3 Knoblauchzehen

1 kleine Chili

100ml Olivenöl

Salz

Pfeffer

Zubereitung

Die Aubergine waschen und in 1-2 cm dicke Scheiben schneiden, diese kräftig salzen nun bei Seite stellen und ziehen lassen. Währenddessen zwei Knoblauchzehen fein würfeln und das Basilikum grob hacken. Dann die Aubergine abwaschen, trocken tupfen und grob würfeln. Zwischenzeitlich die Brotscheiben im Ofen rösten. Nun alle Zutaten in einer Pfanne mit 50m Olivenöl scharf anbraten. Nach ca. 5 Minuten das restliche Olivenöl dazugeben und würzen. Das goldbraune Ciabatta aus dem Ofen nehmen und mit einer halbierten Knoblauchzehe abreiben. Nun 1-2 Esslöffel der Auberginenmischung auf jede Brotscheibe auftragen, mit ein paar Tropfen Olivenöl aufträufeln und einem Basikumblatt garnieren.

Ziegenkäse und Wein_-trauben

Zutaten

1 Ciabatta

200g Ziegenkäserolle

500g rote Weintrauben

60g Pinienkerne

8 Zweige Thymian

1 Knoblauchzehe

4 EL Olivenöl

Pfeffer

Salz

Zubereitung

Die Weintrauben waschen und mit Stielen in eine Auflaufform oder auf ein mit Backpapier belegtes Backblech legen. Dann den Thymian abzupfen, sowie die Knoblauchzehe fein hacken und über die Trauben streuen. Das Ganze mit etwas

Olivenöl beträufeln und mit Pfeffer und Salz würzen. Nun für 20 Minuten in den auf 180 Grad vorgeheizten Backofen schieben. Zwischenzeitlich die Ciabattascheiben in einer Pfanne leicht anrösten. Im Anschluss die Pinienkerne ohne Öl golden bräunen. Nun die Ziegenkäserolle in Scheiben schneiden und die fertig gebackenen Trauben aus dem Ofen nehmen und von den Stielen befreien. Danach die Ziegenkäsescheiben und die Trauben auf den Brotscheiben verteilen und mit den Pistazien bestreuen. Ein paar Tropfen Olivenöl aufträufeln und mit Pfeffer und Salz würzen.

Bruschetta mit gegrillter Aubergine und Tomaten-Rucola-Topping

Zutaten

1 Ciabatta

1 ½ Auberginen

500g Cherrytomaten

40g Rucola

160g Mozzarella

2 Knoblauchzehen

8 EL Olivenöl

Salz

Pfeffer

Zubereitung

Die Aubergine waschen, der Länge nach in dünne Scheiben schneiden und kräftig salzen. Dann den Knoblauch schälen und klein hacken, sowie den gewaschenen Thymian abzupfen. Aus 4 EL Olivenöl und dem Knoblauch, Pfeffer und Salz eine Marinade herstellen. Die Auberginenscheiben mit der Marinade bestreichen und gut vermischen. Den Mozzarella in Scheiben schneiden. Nun die Tomaten vierteln und den Rucola waschen. Die Brotscheiben in einer Pfanne anrösten. Währenddessen die Auberginenstreifen in einer Grillpfanne mit etwas Olivenöl 2-3 Minuten pro Seite grillen und mit Thymian bestreuen. Danach die goldbraunen Ciabattascheiben mit der Auberginenscheibe sowie dem Mozzarella belegen. Als Topping die Tomatenviertel und den Rucola aufstreuen.

Ziegenkäse-Bruschetta mit Walnuss und Nektarine

Zutaten

1 Ciabatta

200g Ziegenkäserolle

3 Nektarinen

10 Zweige Basilikum

75g Walnüsse

5 TL Honig

5 TL Basalmico

Salz

Zubereitung

Während die Brotscheiben im Ofen rösten, die Ziegenfrischkäserolle in Scheiben, sowie die Nektarine waschen und in dünne Spalten schneiden. Dann die Walnüsse in einer Pfanne anrösten und in kleine Stücke hacken. Den Basilikum klein rupfen. Dann die goldbraunen Ciabattascheiben mit dem Ziegenkäse bestreichen. Darauf die dünnen Nektarinenscheiben legen und mit den Nusssplittern sowie dem Basilikum garnieren. Zum Schluss noch etwas Honig und Balsamico aufträufeln und mit etwas grobem Meersalz würzen.

Bruschetta mit Frischkäse und Früchten

Zutaten

1 Ciabatta

200g Frischkäse

1 Apfel

200g Pflaumen

150g Weintrauben

25g Mandeln

3 EL Zitronensaft

3 EL Olivenöl

3 TL Honig

Zubereitung

Die Brotscheiben im Ofen oder in der Pfanne anrösten. In der Zwischenzeit das Obst waschen. Dann den Apfel und die Pflaumen vom Kern befreien und in kleine Stücke schneiden. Die Trauben halbieren. Die Mandeln klein hacken.

Nun alles in einer Schüssel vermischen und mit Zitronensaft und Honig anreichern. Die goldbraunen Brotscheiben mit dem Frischkäse bestreichen und das Obst darauf legen. Bei Bedarf noch mit Honig nachsüssen.

Brezel-Bruschetta mit Obazda

Zutaten

3 Laugenstangen
150g Frischkäse
300 Camembert
1 Zwiebel
½ Bund Radieschen
½ Bund Schnittlauch
½ Weißbier
Prise Kümmel
1TL Paprikapulver, geräuchert
50g Butter
Pfeffer
Salz

Zubereitung

Die Laugenstangen schräg in ca.1cm dicke Scheiben schneiden und ca. 10 Minuten im Ofen rösten. Derweil die Zwiebeln fein würfeln und in einer Pfanne in etwas Butter anschwitzen. Den Camembert in Würfel schneiden. Dann den Frischkäse, das Weißbier und die restliche Butter zusammen mit dem Camembert und den Zwiebeln in einer Schüssel cremig verrühren. Dann mit Paprika, Salz und Pfeffer abschmecken.

Als nächstes die Radieschen waschen und in Scheiben schneiden, sowie das Schnittlauch fein hacken.

Jetzt die gerösteten Laugenstangen-Scheiben mit dem Obazda bestreichen und mit Radieschen und Schnittlauch belegen. Mit Kümmel betreuen. Das restliche Weißbier als Getränk dazu genießen!

Mit Rucolacreme

Zutaten

1 Ciabatta

150g Rucola

130g Frischkäse

170g Joghurt

1 Lauchzwiebel

1 TL Zitronensaft

50 g Pinienkerne

5 EL Olivenöl

Pfeffer

Salz

Zubereitung

Während die Brotscheiben im Ofen rösten, den Rucola waschen und grob hacken. Dann die Lauchzwiebel in feine Ringe schneiden. Die Pinienkerne in einer Pfanne anrösten und im Anschluss fein hacken. Dann den Frischkäse mit Joghurt und dem Zitronensaft mischen.

Nun den Rucola und die Lauchzwiebel unter die Frischkäsemasse heben und mit Pfeffer und Salz abschmecken. Danach die Bruschetta mit der Rucolacreme belegen und mit eine paar Rucola Blätter garnieren.

Bruschetta mit grünem Spargel

Zutaten

1 Ciabatta

1 Bund grüner Spargel

5 Tomaten

1 rote Zwiebel

2 Knoblauchzehen

3 TL Balsamico

5 EL Olivenöl

Pfeffer

Salz

Zubereitung

Die Enden des Spargels abschneiden. Danach den gewaschenen Spargel in mundgerechte Stücke schneiden. Die rote Zwiebel klein hacken. 1 EL Olivenöl in einer Pfanne erhitzen und die rote Zwiebel und den Spargel ca. 5 Minuten dünsten. Dann mit Balsamico ablöschen. Nun die gewürfelten Tomaten hinzufügen, kurz garen. Dann mit Pfeffer und Salz würzen. Die vorbereiteten und gerösteten Brotscheiben mit einer halben Knoblauchzehe abreiben und mit etwas Olivenöl beträufeln. Nun mit der Spargelmischung belegen und bei Bedarf mit Pfeffer und Salz würzen.

Mexikanische Molletes

Zutaten

1 Ciabatta

600g Tomaten

400g schwarze Bohnen (im Glas)

1 Speisezwiebel

1 rote Zwiebel

1 Chilischote

1 Limette

10g Koriander

15g Chipotle Sauce

40g Cheddar-Käse

2 Knoblauchzehen

2 TL Kreuzkümmel

Pfeffer

Salz

Zubereitung

Als erstes den Backofen auf 200 Grad (Ober/Unterhitze) vorheizen. Dann die Speisezwiebel schälen und vierteln. Die schwarzen Bohnen waschen und in einem Sieb abtropfen lassen. Danach den Knoblauch schälen und den Cheddar-Käse reiben. Nun die Bohnen, die Speisezwiebel, den Knoblauch, die Chipotle Sauce und den Kreuzkümmel in einem Mixer pürieren und mit Salz und Pfeffer abschmecken. Das Ciabatta in Scheiben schneiden. Jetzt die Bohnenmasse (Frijoles genannt) auf die Scheiben verteilen und mit Cheddar-Käse betreuen. Auf ein mit Backpapier ausgelegtes Backblech geben und 7 Minuten backen. Zwischenzeitlich die Tomaten waschen, entkernen und klein würfeln. Dann die rote Zwiebel schälen und klein würfeln. Die Chilischote waschen entkernen und fein würfeln. Nun den Koriander waschen, trocknen und fein hacken. Die Limette auspressen und den Saft zusammen mit dem Koriander, Chili, den Tomaten und der roten Zwiebel in eine Schüssel geben und mischen. Mit Salz und Pfeffer würzen. Nun die

Molletes aus dem Backofen nehmen und mit der Tomatensalsa belegen. Mit ein paar Korianderblättchen garnieren und heiß verzehren.

Tip: Es gibt bereits fertige Bohnenpaste „Frijoles" zu kaufen. Diese muss nur erhitzt werden und wird dann auf die Brotscheiben aufgetragen, was die Zubereitungszeit verkürzt

Bruschetta mit Fleisch

Feinschmecker-Bruschetta mit Rumpsteak

Zutaten

1 Ciabatta
1-2 Rumpsteak
50g Pecorino
100g Frischkäse
1 Knoblauchzehen
30g Rucola

Zubereitung

Das Rumpsteak nach Belieben in der Pfanne braten. Währenddessen die Brotscheiben rösten, danach mit einer Knoblauchzehe abreiben und Frischkäse bestreichen. Dann das Rumpsteak dünn aufschneiden und das Brot mit den Fleischscheiben belegen. Obendrauf etwas fein geschnittenen Pecorino und etwas Rucola streuen. Zum Schluss ein wenig salzen und pfeffern.

Bruschetta mit Rucola und Parmaschinken

Zutaten:

1 altes Ciabatta

etwas Rucola

8 getrocknete Tomaten

4 Scheiben Parmaschinken

Parmesankäse

Olivenöl

Knoblauch

Pfeffer

grobes Meersalz

Zubereitung

Die Brotscheiben auf einem mit Backpapier belegten Backblech in den Ofen schieben und leicht anrösten. Danach mit einer Knoblauchzehe einreiben, etwas Olivenöl aufträufeln und mit grobem Meersalz und Pfeffer bestreuen.

Danach mit den getrockneten Tomaten und dem Parmaschinken belegen, etwas Rucola und zum Abschluß Parmesan drüber streuen. Nochmals kurz in den Ofen schieben, damit der Käse zerlaufen kann.

Bruschetta mit Bacon und Gorgonzola

Zutaten

1 Ciabatta
1 Pckg. Gorgonzola
1 Pckg. Bacon
Ahornsirup
Olivenöl

Zubereitung

Während das Brot im Ofen röstet, die Baconscheiben in einer Pfanne knusprig anbraten. Wenn das Ciabatta fertig ist, mit etwas Olivenöl beträufeln und eine Scheibe Gorgonzola auf das heiße Brot legen. Obendrauf kommt zum Schluss der klein geschnittene Bacon und ein paar Spritzer Ahornsirup. Warm servieren!

Bruschetta mit Champignons und Speck

Zutaten

1 Ciabatta
5 Champignons
60g Speck
1 Schalotte
etwas Petersilie

Zubereitung

Die Schalotte fein würfeln, die Champignons in Scheiben schneiden und mit dem gewürfelten Speck in einer Pfanne anbraten. Mit Pfeffer und Salz abschmecken und etwas gehackte Petersilie unterheben. Währenddessen die Brotscheiben bei 250Grad im vorgeheizten Backofen goldbraun rösten. Dann die Pilzmischung auf die Brotscheiben verteilen und mit Petersilie garnieren.

Bruschetta mit Rinderhackfleisch

Zutaten

1 Ciabatta
200g Rinderhackfleisch
1 Frühlingszwiebel
2 EL Olivenöl
Thymian
Rosmarin
Salz
Pfeffer

Zubereitung

Die Frühlingszwiebel in feine Ringe schneiden und mit dem Rinderhack vermengen. Kräftig mit Salz, Pfeffer, Thymian und Rosmarin würzen. Etwas Olivenöl hinzufügen, alles gut vermischen und die Hackmasse dann auf die Ciabatta Scheibe streichen. Nun das

Brot mit der Hackfleischseite nach unten in einer Pfanne kurz anbraten, dann wenden und die Brotseite knusprig bräunen. Mit ein paar Frühlingszwiebelringen garnieren.

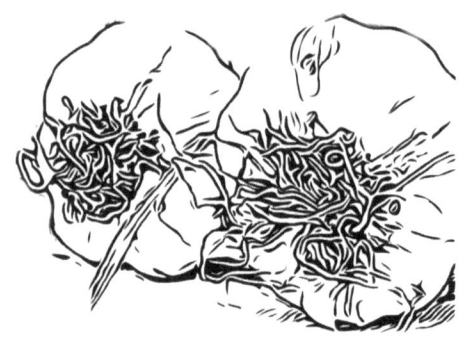

Bruschetta Elsässer Art

Zutaten

1 Ciabatta
150g Speck
2 Zwiebeln
250g Creme fraiche
250g Magerquark
Schnittlauch
Pfeffer
Salz

Zubereitung

Die Zwiebeln schälen und in Ringe schneiden, den Speck würfeln. Nun den Magerquark mit der Creme fraiche vermischen und mit Pfeffer und Salz würzen. Dann die Brotscheiben mit der Creme bestreichen und die Zwiebelringe und Speckwürfel darauf verteilen. Nun das Ciabatta in den vorgeheizten Ofen schieben und 10min backen. Danach den Schnittlauch aufstreuen und direkt verzehren.

Bruschetta mit Koch-schinkencreme

Zutaten

1 Ciabatta
300g Kochschinken
100g Mayonnaise
150g Schmand
1 Knoblauchzehe
½ Bund Petersilie
1 Zwiebel
1 EL Öl

Zubereitung

Während das Brot im Ofen bräunt, die Petersilie waschen und klein hacken. Den Kochschinken und die Zwiebel in kleine Würfel schneiden. Dann in einer Pfanne beides zusammen leicht an-schwitzen, bis die Zwiebelwürfel glasig sind. Danach abkühlen lassen. Anschließend mit der Schmand-Mayonnaise und der gehackten Petersilie vermischen. Zum Schluss die fertig gerösteten Brotscheiben mit einer halben Knoblauchzehe abreiben, etwas Olivenöl bestreichen und großzügig mit der Kochschinkencreme belegen. Ein wenig Petersilie zur Garnierung aufstreuen.

Bruschetta mit Kürbis-spaghetti und Speck

Zutaten

1 Ciabatta
800g Spaghetti-Kürbis
3 kleine Zwiebeln
125g Speck
100ml Weißwein
200g Creme fraiche
12 Stiele Thymian
Zucker
Pfeffer
Salz
Olivenöl

Zubereitung

Den Kürbis mit einer Gabel mehrfach einstechen und in kochendem Salzwasser 30 Minuten garen. Die Zwiebeln schälen und in Spalten schneiden. Den Speck in einer heißen Pfanne knusprig anbraten und die Zwiebeln dazu geben. 2 Minuten mitbraten und dann mit Weißwein ablöschen. Anschließend 8-10 Minuten einköcheln lassen. Mit einer Prise Zucker und etwas Salz und Pfeffer würzen. Kürbis aus dem Wasser nehmen und mit einem Löffel die Kerne herausschaben. Nun mittels einer Gabel die „Spaghetti" aus dem Kürbis herauslösen. Den Thymian abzupfen und mit den heißen Kürbisspaghetti und etwas Olivenöl vermischen. Mit Salz und Pfeffer abschmecken. Die Bruschetta in einer Pfanne goldbraun anrösten. Die Creme fraiche mit Pfeffer und Salz abschmecken und die knusprigen Ciabattascheiben mit dieser bestreichen. Dann die Kürbisspaghetti sowie die Zwiebel-Speck-Mischung darauf verteilen und mit ein paar Thymianblättchen garnieren.

Bruschetta mit Hähnchen und Tomate

Zutaten

1 Ciabatta

500g Hähnchenfilet

500g Tomaten

2 Zwiebeln

3 Knoblauchzehen

100g Schlagsahne

100g Emmentaler gerieben

12 Stiele Basilikum

3 EL Öl

Pfeffer

Salz

Paprika edelsüß

Zucker

Zubereitung

Zwiebeln und Knoblauch schälen und klein würfeln bzw. hacken. Die Tomaten ebenfalls putzen und in kleine Würfel schneiden. Das Fleisch waschen, trocknen und in kleine Würfel schneiden. Dann die Fleischwürfel in heißem Fett unter Wenden in einer Pfanne kräftig anbraten. Dann die Zwiebeln und den Knoblauch hinzufügen und mit Pfeffer, Salz und Paprika würzen. Die Tomaten dazugeben und mit Sahne ablöschen. Alles kurz aufkochen, dann 5 Minuten köcheln lassen. Nochmals mit Pfeffer, Salz, einer Prise Zucker und Paprika abschmecken. Basilikum abzupfen und 3/4 der Pfanne beimischen.

Die Brotscheiben auf das Backpapier des Backblechs legen und die Hähnchen-Tomaten-Mischung darauf verteilen. Nun noch den geriebenen Käse auf die Brote streuen. Anschließend das Blech in den vorgeheizten Backofen schieben und 4-5 Minuten knusprig überbacken. Zur Dekoration mit den restlichen Basilikumblättchen vor dem Verzehr anrichten.

Bruschetta mit Fisch

Bruschetta mit Lachs

Zutaten

1 Ciabatta

200 g Räucherlachs

150g Cocktailtomaten

1 Knoblauchzehe

Basilikumöl

4 Zweige Thymian

Pfeffer

Honig

Balsamicocreme

Zubereitung

Die Tomaten und den Lachs klein würfeln und mischen. Mit Basilikumöl marinieren, Thymianblätter unterrühren und mit Pfeffer würzen. Die gerösteten Brotscheiben mit einer halben Knoblauchzehe abreiben und mit der Lachsmischung belegen. Mit etwas Honig und Balsamicocreme beträufeln und mit ein wenig Thymian garnieren.

Mit Krabbensalat

Zutaten

1 Ciabatta

300g Nordseekrabben

1 Salatgurke

120g Joghurt

4 EL Salatmayonnaise

4 TL Limettensaft

Dillspitzen

Butter

Salz

Pfeffer

Zubereitung

Alle Zutaten miteinander vermischen und mit Pfeffer, Salz und Limettensaft abschmecken. Die kross gebackenen Ciabattascheiben dünn mit Butter bestreichen und mit dem Krabbensalat belegen. Mit Dillspitzen garnieren.

Mit Matjes-Tartar

Zutaten

1 Ciabatta
4 Matjes-Filets
3 Frühlingszwiebeln
4 Cornichons
1/2 halbe rote und gelbe Paprika
4 EL Limettensaft
Pfeffer
Salz

Zubereitung

Die Frühlingszwiebeln in feine Ringe schneiden. Die Paprika, die Gurken und die Heringsfilets fein würfeln. Alles miteinander vermischen und mit Pfeffer, Salz und Limettensaft würzen. Zum Schluss den Matjes-Tartar auf die kross gerösteten Brotscheiben auftragen.

Fischfilet auf Bruschetta

Zutaten

1 Ciabatta

4 Schollenfilets ohne Haut

200g gekochte rote Beete

3 Eier

200g Semmelbrösel

4 TL Meerrettich

8 EL Sonnenblumenöl

5 EL Remoulade

1 EL Orangensaft

Pfeffer

Salz

Zubereitung

Während die Ciabattascheiben im Ofen rösten, die rote Beete reiben und mit Orangensaft und Meerrettich mischen. Einen Teller mit Semmelbröseln und einen mit geschlagenem Ei vorbereiten. Dann die mit Pfeffer und Salz gewürzten, mundgerecht geschnittenen Fischfilets erst in Semmelbröseln, dann im Ei und zuletzt nochmals in den Semmelbröseln wenden. Das Öl in einer Pfanne erhitzen und die Fischstücke jeweils 1 Minute von jeder Seite goldbraun anbraten. Danach auf einem Küchenpapier abtropfen lassen. Nun die knusprigen Brotscheiben mit Remoulade bestreichen und die Fischfilets darauf legen. Zum Abschluss mit der rote Beete-Meerettich-Mischung belegen und bei Bedarf erneut mit Pfeffer und Salz würzen.

Bruschetta mit Garnelen und Koriander

Zutaten

1 Ciabatta

200g Riesengarnelen

Zitronengras

1 Stück Ingwer

1 rote Chili

1 Knoblauchzehe

½ Bund Koriander

1 Bio-Limette

Olivenöl

Salz

Zubereitung

Den Ingwer schälen und klein hacken. Das Zitronengras und die Chili ebenfalls sehr klein hacken. Die Garnelen waschen, am Rücken entlang einschneiden und den dunklen Darm entfernen. Nochmals waschen und klein würfeln. Den Koriander hacken und die Schale der Bio-Limette abreiben, sowie den Saft auspressen. Die Garnelenwürfel in heißem Öl andünsten und mit dem Zitronengras, der Chili, dem Ingwer mischen. Mit Salz würzen und den Limettensaft hinzufügen. Eine Minute einkochen lassen, dann mit dem Koriander und dem

Limettenabrieb abschmecken. Das goldbraun geröstete Brot mit einer Knoblauchzehe abreiben und mit Olivenöl beträufeln. Die Brotscheiben mit der Garnelenmischung belegen.

Thunfisch-Bruschetta

Zutaten

1 Ciabatta
2 Dosen Thunfisch
4 EL Zitronensaft
2 EL Rosmarin
8 EL Olivenöl
Worcestershiresoße
2 Zwiebeln
10 schwarze Oliven
Pfeffer
Salz

Zubereitung

Den Thunfisch mit dem Zitronensaft, dem Rosmarin, der Worcestershiresoße, den klein gehackten Zwiebeln und dem Olivenöl vermischen. Mit Pfeffer und Salz würzen. Dann die Oliven klein schneiden und ebenfalls unterrühren. Das frisch geröstete Brot aus dem Ofen mit der Thunfischmasse belegen.

Bruschetta mit Sardel-len-Paste und Forelle

Zutaten

1 Ciabatta
2 Sardellenfilets
300g geräucherte Fjordforelle
250g schwarze Oliven
1 EL Kapern
3 Knoblauchzehen
100ml Olivenöl

Zubereitung

Die Anchovifilets, die Oliven, 2 Knob-lauchzehen und die Kapern zusammen mit 100ml Olivenöl in eine hohe Schüssel geben und mit dem Stabmixer pürie-ren.

Nun die braun gerösteten Ciabattaschei-ben mit einer halben Knoblauchzehe ab-

reiben, mit etwas Olivenöl beträufeln
und mit der Sardellenpaste bestreichen.
Danach die Fjordforelle in dünn geschnittene Streifen auf den Brotscheiben drapieren.

Meistens landet das alte Brot im Mülleimer. Wie schade. Welche Verschwendung an Lebensmittel!

Melanie Koßmann zeigt die 50 besten Rezepte, mit denen man altes Brot in köstliche Speisen verwandelt und somit auch noch Geld spart.

Du kennst mich schlaff, du kennst mich rund, ich mache alle Feste bunt.

Jetzt hol tief Luft und pust´ mich auf, denn spielen kannst du mit mir auch!

Über 50 Spiele mit Ballons, für Geburtstagsfeiern, Gartenfeste, Sport und Spass.

Das über 3000 Jahre alte chinesische Orakelbuch in einer leicht verständlichen Sprache nach den Aufzeichnungen der Witwe Cheng aus dem frühen 19. Jahrhundert.

Lange verschollen und zu unserer Freude wieder entdeckt in Captain Swings geheimer Bibliothek.

Liköre
selbst gemacht
von
Melanie Koßmann

Cpt. Swings
geheime Bibliothek

Selbst gemachter Likör ist immer ein wundervolles Geschenk aus der Küche, welches von Herzen kommt! Ob als Dankeschön für liebe Menschen, als kleines Präsent an Festtagen oder als herzliches Mitbringsel zu einer Einladung.
Etwas Selbstgemachtes löst immer Rührung in den beschenkten Mitmenschen aus.

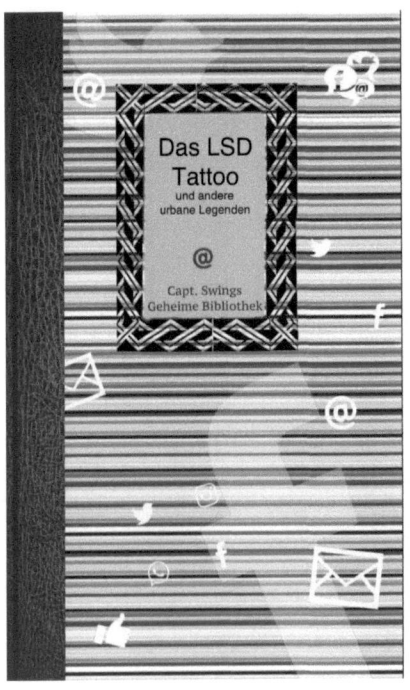

Auf der Party, in der Kneipe, am Arbeitsplatz, im Warte-
zimmer, beim Friseur, überall, wo man Zeit hat und sonst
schon alles gesagt wurde, dort finden sie Verbreitung: Die
modernen Märchen, urbane Legenden, Geschichten die
zu schön sind um nicht wahr zu sein. Jeder weiß sie um
zwei Ecken, nur die guten Erzähler haben sie wirklich
selbst erlebt oder zumindest aus erster Hand. Ich schwör.

Latein für
Alle
Lebenslagen

ⅅⅅ

Capt. Swings
geheime Bibliothek

Latein ist eine alte Sprache, eine tote Sprache, eine Sprache für Akademiker, die sich damit wichtig tun. Wozu Latein? Nun, um sich auch wichtig zu tun? Oder die Wichtigtuer zu verstehen und ihnen vielleicht sogar Kontra geben zu können?

Auch in unserem heutigen, modernen Leben tauchen immer wieder lateinische Begriffe auf, sind sozusagen Teil unserer Alltagssprache geworden. Es ist doch gut, diese zu verstehen.

Capt. Swings
geheime Bibliothek